WORDS OF LOVE

Piropos

WORDS OF LOVE
Piropos

Romantic Sayings from Mexico

BY CARLA ZAREBSKA
ILLUSTRATIONS BY ROMÁN ANDRADE

CHRONICLE BOOKS
SAN FRANCISCO

Text copyright © 2006
by Carla Zarebska.
Illustrations copyright © 2006
by Román Andrade.

Library of Congress
Cataloging-in-Publication
Data available.

ISBN 0-8118-5038-2

Manufactured in China

Designed by Marcela Barrientos,
Seattle, Washington

Distributed in Canada by
Raincoast Books
9050 Shaughnessy Street
Vancouver, British Columbia V6P 6E5

10 9 8 7 6 5 4 3 2 1

Chronicle Books LLC
85 Second Street
San Francisco, California 95105

www.chroniclebooks.com

＋∼＋

For César:
my lover, my friend,
mi "media naranja,"
and the best part of
being alive.

＋∼＋

Introduction

There is an art in the Mexican language that is entirely anonymous and lacking any formal copyright. It is the art of popular sayings that pass on from mouth to mouth, generation after generation, thanks to the witty efforts of grandparents, parents, uncles, sisters-in-law, bosses, and friends. We use them as advice or warnings, or to laugh about life, and sometimes, death. No one knows who said them first, or when, but they express in a practical, precise way what we wish to say, with no roundabouts and with the grace of a poet: *Little patch of green grass covered in dew, he'll suffer from cold nights he who marriage eschews.*

This book was born in the spirit of rescuing a handful of playful remarks and refrains of a purely amorous sort. The Mexican man uses the melancholy of his own race to denigrate a women, or exalt her: *Excluding women, wine is the biggest traitor,* a saying still goes, but also current is, *A pin has fallen in the ocean far from shore; the day you find it I will love you no more.*

It's fascinating how such short phrases can enclose so many clues to the ways of thinking and feeling of a culture: its beliefs, fears, passions, desires, weaknesses, and greatness.

Introducción

Hay una artesanía en el lenguaje mexicano de condición anónima y sin un registro formal. Son los refranes populares que se mantienen de boca en boca, generación a generación gracias al oficio comedido de abuelos, padres, tíos, cuñadas, jefes, amigos. Nos sirven de consejo, advertencia, para reírnos de la vida y también de la muerte. Nadie sabe quien los dijo por primera vez, ni cuándo, pero expresan de manera práctica y clara lo que queríamos decir con la gracia de un poeta: *Zacatito verde lleno de rocío, el que no se case se muere de frío.*

Este libro nació con el ánimo de rescatar un puñado de piropos y refranes de índole enteramente amorosa. El mexicano usa la melancolía propia de su cultura para destruir a la mujer o ensalzarla: *Sin contar a la mujer lo más traidor es el vino* dicen todavía, pero también es popular en el sureste: *En el mar se ha caído un alfiler, el día que tu lo encuentres te dejaré de querer.*

Es fascinante como frases tan cortas encierran tantas claves que nos permiten tener acceso al modo de pensar y sentir de una cultura. Sus creencias, miedos, pasiones, anhelos, debilidades y grandezas. Pero me temo que las

Still, I'm afraid that today the phrases in this book barely survive on the streets and are little used in daily conversation. At first I believed that by interviewing a group of people of a certain age I could gather enough sayings to illustrate our mental flair, but it didn't turn out that way. I received only three or four phrases, at the most ten, from each person. As with so many other traditions, we are slowly losing this one to our practical lifestyles of the new millennium. The younger generation no longer has the time, patience, or desire to remember these verbal refrains.

Fortunately, a friend of mine came to the rescue, revealing that his father, lawyer José Luis Caballero Cárdenas, was a lifelong collector of proverbs, sayings, sentences, catcalls, and compliments related to love. After only one interview with him I understood that I would find no better guide to steer me through this universe of popular creations in our language, not to mention providing access to a library gathered over several decades.

The result is a book that offers us a small glimpse into the Mexican soul at its most sublime moment: in the face of love and desire.

frases contenidas en este libro apenas subsisten en el ámbito de la calle y muy poco en nuestro hablar cotidiano. Al principio pensé que bastaría con interrogar a la gente cercana de cierta edad para reunir los dichos necesarios para ilustrar nuestra ebullición mental. Pero no fue así. Tres o cuatro nada más, cuando mucho diez, frases conseguía de cada persona. Y como tantas otras, es una tradición que vamos perdiendo en nuestra vida práctica del nuevo milenio. Los jóvenes ya no tenemos paciencia para dedicarnos a bromas filosóficas o memorizar estos refranes.

Fue un amigo quien me rescató en esta búsqueda al revelarme que su padre, el abogado José Luis Caballero Cárdenas, llevaba toda una vida atesorando refranes, dichos, sentencias, piropos y todo lo relacionado con el tema. Bastó una sola entrevista con él para entender que no encontraría a nadie igual para abrirme al universo de las creaciones populares de nuestra lengua, además de darme acceso a una bibliografía decantada por la búsqueda de algunas décadas.

El resultado es un libro que ofrece una pequeña pista del alma mexicana en su momento más sublime y delicado: frente al amor y el deseo.

¡Atórale que es mangana porque se te
va la yegua!

    Pull that lasso tight—your mare's trying to get away!

Baraja, vino y mujer, echan al hombre
a perder.

Cards, wine, and women lead a man to perdition.

❋

Caras vemos, corazones no sabemos.

The face we can see, but we know not what is in the heart.

❋

Acciones son amores, no besos ni
apachurrones.

Love is proved by actions, not kisses and cuddles.

Amar es tiempo perdido si no se es
correspondido.

> *Love is a waste of time when it goes unrequited.*

✳

Ni bonita que a todos encante; ni fea que
a todos espante.

> *No pretty girl charms everyone; no ugly one is
> displeasing to all.*

✳

Amor es demencia y su médico la ausencia.

> *Love is madness, absence the cure.*

Cuídate de mujer que no hable y de perro que no ladre.

Watch out for a woman who doesn't talk and a dog that doesn't bark.

En el mar se ha caído un alfiler, el día que tu lo encuentres te dejaré de querer.

A pin has fallen in the ocean far from shore; the day you find it I will love you no more.

Amor por interés se acaba en un dos por tres.

Love for financial gain is over in a trice.

El matrimonio no es graciosa huída, sino apasionada entrega.

Marriage is not a graceful evasion, but rather a passionate surrender.

Amor de loca y vino de frasco, de noche gusta y en la mañana es chasco.

Wine straight from a bottle and wild loving are enjoyed at night but bring regret by daylight.

Amor no mira linaje, ni fe, ni pleito, ni homenaje.

Love is blind to lineage, faith, feuds, and praise.

¡Qué bonito es lo bonito; lástima que sea pecado!

How pretty is pretty; too bad it's a sin!

Si no hay calor en el nido, lo busca fuera
el marido.

Finding no warmth in his nest, a husband will look elsewhere.

❀

Amor sin besos es como chocolate sin queso.

Love without kisses is like chocolate without cream.

❀

Si no eres casto, sé cauto.

If you can't be chaste, be cautious.

Contra los males de amor cucharadas de olvido, con fomentos de amor, seguido, seguido.

> *For heartbreak, take spoonfuls of forgetfulness with repeated doses of love.*

Pan es pan, queso es queso, no hay amor sino hay un beso.

Bread is bread, cheese is cheese, love's not love unless you give me a kiss.

Uno propone y Dios dispone, viene la mujer
y todo lo descompone.

> *Man proposes, God disposes, along comes a woman and
> everything decomposes.*

Vale más una buena amistad que un mal
romance.

> *A good friendship is better than a bad romance.*

Zacatito verde lleno de rocío, el que no se
case se muere de frío.

> *Little patch of green grass covered in dew, he'll suffer from
> cold nights he who marriage eschews.*

Más pueden dos tetas que tres carretas.

Two breasts can move a lot more than three carts.

Donde el diablo mete la mano, mete la punta del rabo.

If the devil sticks his hand in, his tail will follow.

∗

Matrimonio y mortaja, del cielo bajan.

Matrimony and shrouds descend from heaven.

∗

Si quieres saber quién es Inés, vive con ella un mes.

If you want to know who Inés is, live with her for a month.

El hombre es fuego y la mujer estopa, viene
el diablo y le sopla.

*Man is the fire, woman the tinder, along comes the devil and
blows them to cinder.*

Amor viejo y camino real, nunca se dejan de andar.

> *Old loves are like well-worn highways: we never stop going over them.*

❖

¡Ora es cuando, hierbabuena, le haz de dar sabor al caldo!

> *Finally, my little spice, it's time to add some flavor to the soup.*

❖

Vino y mujeres, dan más penas que placeres.

> *Wine and women give more grief than pleasure.*

Yo soy soltero; la casada es mi mujer.

I'm a bachelor; my wife is the married one.

✤

La mujer que mucho bebe a muchas cosas
se atreve.

A woman who drinks a lot, dares a lot.

✤

¡Por un besito, ni dos, a nadie castiga Dios!

For a little kiss or two, God won't punish me or you.

Árboles de la alameda, chiquitos pero
floreando, si unos brazos me desprecian
otros me están esperando.

> *Trees along the avenue, little but in bloom, if a pair of arms*
> *rejects me, others appear soon.*

¡Mujer, puedes tanto, que haces pecar a un santo!

Woman, your charms can make a saint sin!

*

Ojos que no ven, corazón que no siente.

What the eyes don't see, the heart won't feel.

*

La tortilla y la mujer se han de comer en caliente.

Tortillas and women are best when hot.

La vergüenza y la doncellez, sólo se pierden una vez.

Shame and virginity are lost only once.

Enfermedad de nueve meses, antes de diez desaparece.

The nine-month sickness disappears by the tenth.

La que a todos parece hermosa, es para su marido peligrosa.

The prettier the wife, the more the husband's strife.

Tu eres mi catedral; las demás son capillitas.

You are my cathedral; the rest are little chapels.

De hombre carnicero y ruin, de mujer que hable latín y de caballo sin rienda, Dios nos cuide y nos defienda.

God keep and defend us from violent evil men, women who speak Latin, and horses without reins.

En cava y en amores: entras cuando quieres
y sales cuando puedes.

> *Wine cellars and love: you enter when you want and exit*
> *when you can.*

❁

El sexo débil ni tan débil y el sexo fuerte ni
tan sexo.

> *The weaker sex isn't that weak, and the stronger sex isn't*
> *that sexy.*

❁

El que bien te ama te hará sufrir.

> *He who loves you well will make you suffer.*

El verdadero amor es como un fantasma:
muchos hablan de él, pero pocos lo han visto.

> *True love is like a ghost: everyone talks about it, but few
> have seen it.*

Tan sólo hay dos bendiciones en esta vida:
el amor al arte y el arte de amar.

> *There are only two blessings in life: love of art and the art
> of love.*

Las mujeres fueron hechas para amarlas, no
para entenderlas.

> *Women are made to be loved, not understood.*

¿De qué juguetería te escapaste, muñeca?

What toy store did you escape from, doll?

Hombre mujeriego: otra que lo tome que yo
no lo quiero.

A philandering man: another can have him, he's not for me.

⁕

Te perdono el mal que me haces por lo
mucho que me gustas.

*I forgive all the wrong you do me, because you are so
dear to me.*

⁕

Hormona mata neurona.

Hormones kill neurons.

Te casaste, te amolaste.

You married, you're doomed.

⁑

¡Cuanta muchacha bonita, hijas del eterno
padre; dame Señor una de ellas para que mi
alma se salve!

*Scores of beautiful girls, daughters of our heavenly father;
one of them is all I need to save my soul.*

⁑

Te veo con los ojos del alma.

I see you with the eyes of the soul.

¡Qué sabroso es el pan con queso cuando lo dan en un rancho, pero más sabroso es un beso debajo de un sombrero ancho!

Tasty are bread and cheese on the farm, but even tastier is a kiss beneath a wide-brimmed hat.

No temas estar desnuda porque; yo te vestiré
de amor.

> *Don't worry about being naked; I will dress you with my love.*

✵

¡Adiós, cantarito de arroz; si no quieres ir
sola iremos los dos!

> *Farewell, my little bowl of rice; if you'd rather not go alone,*
> *the two of us would be nice.*

✵

¡Si tus piernas son las vías, cómo estará la
estación!

> *If those legs are the tracks, imagine the station!*

¡Quién fuera bizco para verte dos veces!

I wish I were cross-eyed so I could see you double!

❄

El amor es como la guerra: fácil de comenzar, pero difícil de detener.

Love is like war: easy to start, hard to end.

❄

Amor con celos, causa desvelos.

Jealous love begets sleepless nights.

¡Amarre su gallina, que mi gallito anda suelto!

Better tie up your hen—my rooster is on the loose!

Atráncate bandolón ahora que tienes tocada.

Strum away, mandolin, now that you've got something to celebrate.

Los aguacates y las muchachas maduran a
puro apretón.

> *Avocados and young women ripen when they are squeezed.*

✳

Dame tu mano paloma para subir a tu
nido, si anoche dormiste sola, ora dormirás
conmigo.

> *Lend me your hand, my dove, to climb into your nest; last
> night you slept alone, tonight you'll sleep with me.*

✳

Luz apagada, mujer encendida.

> *Light turned off, woman turned on.*

Amor viejo, ni te olvido ni te dejo.

Old love, I can neither leave you nor forget you.

Amándonos tu y yo, que revienten los mirones.

We're in love—let the onlookers eat their hearts out.

Abre niña los ojos y clávalos en mi alma; que con esa mirada tendré ya calma.

Open your eyes and sink them in my soul; in your gaze I shall find peace untold.

La flor de la hermosura como la flor de mayo dura.

The flower of beauty fades away as swiftly as the blooms of May.

Me he de comer esa tuna aunque me espine
la mano.

> *I must have a bite of that prickly pear, even if the thorns*
> *pierce my hand.*

Mata más el olvido que la muerte.

> *To be forgotten kills worse than death.*

Marido en edad madura, cuerno seguro
o sepultura.

> *A man who marries late is soon a cuckold or a corpse.*

¡Tengo las manos frías pero el corazón ardiente!

My hands are cold but my heart is on fire!

Si suspiras cerca de mí, está claro que no es por mí.

If you sigh when you're next to me, it's clear that it's not because of me.

¡Ay amor, mira como me has puesto!

Oh, love, see what you've done to me?

A cada pájaro le gusta su nido.

Every bird prefers his own nest.

Besando una boca se olvida la otra.

> *Kissing one mouth, you forget the other.*

Pájaro que vas volando que en el pico llevas
flores; le llevarás esta carta al dueño de mis
amores.

> *Bird with flowers in your beak, fly away and soar; go and
take this letter to the one that I adore.*

En cojera de perro y en lágrimas de mujer,
no hay que creer.

> *Never believe in the limp of a dog or the tears of a woman.*

A nadie le amarga un dulce aunque tenga otro en la boca.

> *No one turns down a candy, even when he has one in his mouth.*

⁎

Un buen tequila es como los senos de una mujer: tres resultan demasiados y uno es insuficiente.

> *Good tequila is like a woman's breasts: three are too many and one is not enough.*

⁎

Para amores que se alejan busca amores que se acerquen.

> *For each love that walks away, seek another that approaches.*

Árboles y amores, mientras tengan raíces,
tendrán frutos y flores.

*Trees and lovers, while they have roots, will have fruits
and flowers.*

Ayer lloraba por verte y hoy lloro porque te vi.

Yesterday I wept with longing to see you; today I weep because I saw you.

Si al cielo subir pudiera las estrellas te bajara, la luna a tus pies pusiera y con el sol te coronaba.

If I could reach the heavens I would bring you the stars, I would lay the moon at your feet and crown you with the sun.

Si de novio es tan mezquino, ¿qué será cuando marido?

If he's cheap as a boyfriend, what will he be like as a husband?

Vino, mujer y tabaco, dejan al hombre
muy flaco.

Wine, woman, and tobacco leave a man too thin.

Si fuera papel volaría, si fuera tinta correría y
si yo fuera estampilla en ese sobre me iría.

> *If I were paper I would fly to you, if I were ink I would run
> to you, if I were a stamp I would send myself to you on this
> envelope.*

Sin contar a la mujer, los más traidor es
el vino.

> *Excluding women, wine is the biggest traitor.*

A los ángeles del cielo les voy a mandar pedir,
una pluma de sus alas para poderte escribir.

> *I'm going to ask the angels in the heavens so blue to lend a
> feather from their wings so I can write to you.*

Quien bien te quiere te dirá verdades y quien no te quiere, las vacuidades.

> *A true love's words are truthful and fair; a false love's words are empty air.*

✳

Ojos que te vieron ir, ¿cuándo te verán volver?

> *These eyes that saw you leave—when will they see you return?*

✳

El que ama a mujer ajena siempre anda descolorido, no por el amor que siente sino por el miedo al marido.

> *He who loves another's wife always looks drawn and pale, not from feelings of love, but from fearing the other male.*

Eres mi prenda querida, eres mi prenda adorada, eres aquella paloma que canta en la madrugada.

You are my dear love, you are my adored love, you are that beloved dove that sings in the morning dawn.

Ni amor reanudado ni chocolate recalentado.

Love is like a cup of chocolate: it's never as tasty once it's reheated.

Escoge la tela por la trama y la hija por
la madre.

> *Pick the fabric by its weave and the daughter by her mother.*

❀

Gran amor, gran dolor.

> *Great love, great pain.*

❀

La ausencia es al amor lo que el aire al fuego:
si es pequeño lo apaga; si es grande lo aviva.

> *Absence is to love what air is to fire: a small one it*
> *extinguishes; a great one it inflames.*

Antes de que te cases mira lo que haces.

Before you marry, better be wary.

Cuando piense en olvidarte yo me pondré a pensar, que pensar en olvidarte es no poder olvidar.

When I begin to think about forgetting you, I'll think that thinking about forgetting you is being unable to forget.

A mayor hermosura mayor cordura.

Great beauty calls for great prudence.

Acabándose la plata el amor se desbarata.

Love is undone once the money is gone.

Busca mujer por lo que valga, no has de
escoger sólo por la nalga.

Choose a woman for her worth, not just for her girth behind.

Es triste amar sin ser amado, pero es más triste acostarse sin haber cenado.

Unrequited love is sad, but it's sadder to go to bed on an empty stomach.

El amor para ser perfecto ha menester ser
discreto.

> *A perfect love is a discreet love.*

Dos besos llevo en el alma y no se apartan
de mí: el último de mi madre y el primero
que te dí.

> *I carry in my soul two kisses that I will never lose: the last
> one from my mother and first one I gave you.*

El hombre desde al nacer ya no es suyo el
corazón; se lo entrega a la mujer en prueba
de su pasión.

> *From the time he's born, a man's heart really isn't his own; he
> hands it over to the woman he loves as proof of his passion.*

Con amor y aguardiente, nada se siente.

With love and with liquor, all else is forgotten.

※

¡Ay amor, cómo me has ponido: flaco, ñango y descolorido.

Oh, love, what you have done to me: I'm skinny, stringy, and pale as can be.

※

A la mujer y al ladrón, quitarles la ocasión.

Don't tempt a woman or a thief.

Para las penas, las copas llenas.

> *To drown your trouble, have a double.*

Quisiera ser periquito para andar siempre
en el aire y allí decirte secretos sin que los
oyera nadie.

> *I wish I were a parakeet so I could flutter in the air and tell
> you secrets no one else can hear.*

El corazón no envejece; el cuero es el que se
arruga.

> *The heart does not age; it's the flesh that wrinkles.*

En el amor sólo hay dos situaciones: persigue
uno a una mujer o trata de librarse de ella.

There are only two situations in love: chasing after a woman
or trying to escape from one.

¡Soy como el chile verde, mi reina: picante pero sabroso!

I'm like green chile, my queen: spicy but very tasty!

Rueda vagón de amor, sácame de este arenal,
que ya las olas me tapan y no puedo navegar.

> *Turn, wagon wheel of love, pull me from this sandy shore, for*
> *the waves have swallowed me up, and I can sail no more.*

Dicen que un sol en el cielo para alumbrar
puso Dios, en el cielo puso uno pero en tu
carita dos.

> *They say God placed a sun in the sky to give light: He placed*
> *one in the sky and put two in your face.*

Para el amor verdadero no existen dificultades.

> *True love overcomes all hardships.*

Desgraciado en el juego, afortunado en el amor.

Unlucky at cards, lucky at love.

El amor es un ángel hambriento al que
hay que alimentar todos los días.

Love is a starving angel that must be fed daily.

Casarás y amansarás.

Marry and you shall be domesticated.

Del cielo cayo una palma rodeada de
campanitas, para coronar a las madres que
tienen hijas bonitas.

*A garland fell from heaven encircled with little bells, to
crown all the mothers with beautiful daughters.*

No hay bonita sin tacha ni fea sin gracia.

*No pretty girl is without her flaws, no ugly girl without
her charms.*